UWE REIM DEIN ZIMMER AUF

MEHR GEDICHTE AUS DEM GAR NICHTS

BAND 2

Bibliografische Information der Deutschen Nationalbibliothek:
Die Deutsche Nationalbibliothek verzeichnet diese Publikation
in der Deutschen Nationalbibliografie; detaillierte bibliografische
Daten sind im Internet über dnb.dnb.de abrufbar.

Verlag: BoD · Books on Demand GmbH, Überseering 33,
22297 Hamburg, bod@bod.de
Druck: Libri Plureos GmbH, Friedensallee 273,
22763 Hamburg
ISBN: 978-3-8192-4574-9

Rollerbiographie und künstlerische Tippelbahn

Seit dem 28.03.1955 verbrachte ich meine Kindheit damit, meinen Eltern die
Nerven zu rauben (heute nennt man das wohl ADS).
1962: erstes Zeugnis, Eintrag: „Durch sein motorisches Wesen trug er viel
zur Belebung des Unterrichts bei." Sehr gut erkannt, liebe Frau Kuhrten.
Diese, meine liebste Lehrerin, besetzte die Hauptrolle in dem Schultheater-
stück „Till Eulenspiegel" dann auch sogleich mit mir. Erster Satz:
„Hoppla, hier bin ich, wo ich bin da wird's lustig oder traurig, je nach dem!"
Peng! Lebensbegleitender Satz!

1969: Nach zweijährigem Gitarrenunterricht erkannt, dass dieser mir nichts

bringt. Gitarre umgedreht, d'rauf geklopft und auf Schlagzeug umgesattelt,
durch sechswöchigen Ferienjob finanziert.
Schülerband „Faithcontrol" gegründet.

1971: In Ermangelung guter Noten in der Schule und auf Geheiß meiner
Eltern Band verlassen und Schlagzeug verkauft.
                    Bittere Erfahrung! 46 jährige Schlagzeugpause!

1972: Abgang 11. Klasse, erlernen eines anständigen Berufes: Groß-und
Außenhandelskaufmann.

Bis zur Rente 2018 durchgehalten!

Während dieser Zeit meine wunderbare Frau kennengelernt, geheiratet, zwei
Mädchen bekommen, dann kamen zwei Schwiegersöhne und sieben Enkel-
kinder – alle toll. Doch stets den künstlerischen Träumen treu geblieben!

- schon zu meiner Lehrzeit fertigte ich in „Leerzeiten" meine ersten
  Zeichnungen an
- spielte für den „Guten Zweck" an der Schule unserer Kinder 10 Jahre aktiv
  in einer Kabarettgruppe mit
- dichtete Gedichte ohne Dichtung aber dafür zuhauf
- spielte sofort ab Eintritt in den Ruhestand wieder Schlagzeug und…

- gründete die Krautrock- & Blues-Band **„Mad Murphy`s Thirsty Dogs"**

- spiele nach der Coronapandemie weiterhin mit meinen Thirsty Dogs

PROLOG

Verdichtet

Wer Zimmer aufreimt oder verstellt,
oder sich Zugang zu aufgereimten
oder verstellten Zimmern verschafft,
und in Umlaut bringt,
wird mit Uwes Reimen
nicht unter zwei Bänden
(eine davon sind Mad Murphy's Thirsty Dogs)
    betont...

        ...vertont...

           ...verbrieft

               ...abgestempelt

          ...und versandet

                    Fiete Piet Hering

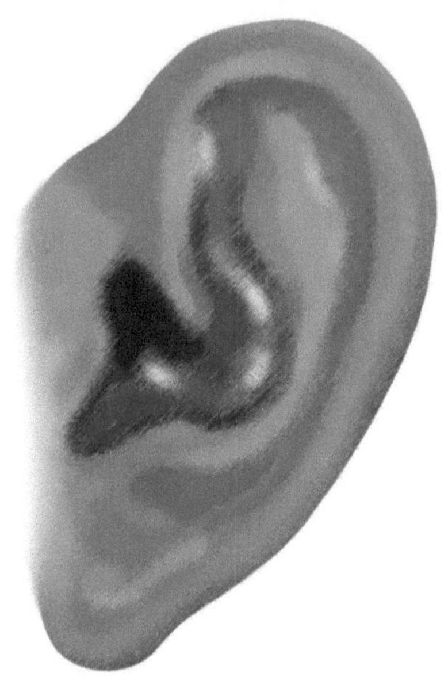

LEIDER

DRINGT IN

MANCHES OHR

HEUTE KEINE WAHRHEIT VOR

DARUM BLEIBT NUN MEHR UND MEHR

MANCHES HIRN

FÜR IMMER LEER

ZUM ENDE HIN WIRD'S ECKIG
AM ANFANG WAR ES RUND
DAZWISCHEN BLEIBT MAN TROCKEN
IST BESSER FÜR DEN SCHLUND

GEMÜSESUPPEN FRIEREN
DIE HERDE WAR'N NICHT AN
DIE NORDPOLER DIE SCHWITZEN
WAS HAB'N DIE DENN GETAN

DER ZAHNARZT BOHRT NACH ROHÖL
EIN BISCHOFF BOHRT EIN LOCH
UND ERHARD HAT VERGESSEN
WO BOHRT MAN HEUT' DENN NOCH

ROULADEN SAUGEN TUBEN
DARIN IST MEISTENS SENF
SIE WERDEN OFT GESTOCHEN
MAN ISST SIE AUCH IN GENF

GEFLÜGELZÜCHTER TANZEN
OFT WALZER MIT 'NEM HUHN
FLAMINGOS MUSS MAN KÜSSEN
ES GIBT NOCH VIEL ZU TUN

EIN PORNOHEFT ZERREISST SICH
DAMIT ES NIEMAND LIEST
DOCH WICHTIG IST NOCH IMMER
DAS MAN MIT IHM NICHT SCHIESST

EIN BINDFADEN FÄNGT STREIT AN
DOCH KEINER SIEHT MIT WEM
DRUM LÄUFT ER VOR DIE HAUSTÜR
DENN DA KANN MAN IHN SEH'N

DIE SCHWANGER SCHAFFT 'NEN KLIMMZUG
DIE KUTSCHE SCHLÄGT EIN RAD
DIE PIROU HÄTTE EINFLUSS
UND ROBISPIERRE IST SATT

BEHÄMMERTES VERKLOPPT SICH
DIE TRAINER SPUCKEN WIND
SIE JAMMERN ÜBER SCHIERIS
WIR WISSEN WIE SIE SIND

DER BODEN WIRD GEBOHNERT
DER HIMMEL WIRD GEERBST
DIE LINSE WIRD KONTAKTET
UND WEISSKOHL GIBT'S IM HERBST

Fuchs
du hast
die Gans
gestohlen
u. J.

Meine liebe tolle Frau Birgit und ich 2022 in
Invergordon während der Full Metal Cruise

SALB EI GIBT'S NICHT ZU OSTERN
DER HASE NIEST INS NEST
DER HAHN REIBT SICH DIE EIER
DAS WIRD EIN SCHÖNES FEST

DER WEISSWEIN SCHMECKT NACH ÄPFELN
DER ROTWEIN LÄUFT INS MAUL
DAS BIER SIEHT AUS WIE KLARLACK
DA IST DOCH ETWAS FAUL

KALENDER WASCHEN TAGE
MINUTEN KOSTEN GELD
SEKUNDEN HABEN WEHEN
DIE STUNDE KOMMT ZUR WELT

DIE SCHWANGERSCHAFT TRÄGT FRÜCHTE
DIE SCHNECKE SCHLEIMT IM TOPF
FÜNF UHREN FAHR'N NACH DEUTSCHLAND
UND JAN ZIEHT JÖRN AM ZOPF

DIE WASCHMASCHINE SPEIST GUT
DER KELLNER TRINKT SEIN GELD
DIE STEUER KOMMT NACH BREMEN
WEIL ES IHR DORT GEFÄLLT

ZWEI BÜRGERMEISTER KLOTZEN
EIN KATER SCHNAPPT NACH LUFT
DER AUSBRUCH IST VORÜBER
NACH WEINBRAND ER JETZT RUFT

DIE HERINGE SIND HEILIG
KOPIERTES WIRD VERDAUT
EIN PFERD FÄNGT AN ZU SCHMATZEN
UND DAS AUCH NOCH SEHR LAUT

BETRUNK'NE BÄLLE FALLEN
EIN VOLLER APFEL LALLT
BESOFFEN WIRD GEBETTELT
WAS OFT GENUG VERHALLT

EIN TASCHENTUCH RIECHT ÄTHER
UNF FÄLLT DARAUF INS KLO
DAS GIBT'S NICH' NUR IN BREMEN
DAS GIBT'S AUCH ANDERSWO

DIE DÄMLICHKEIT GEHT SCHOPPEN
DIE HERRLICHKEIT TRINKT RUM
DIE DUNKELHEIT SPEIST ROBBEN
DIE HELLIGKEIT MACHT DUMM

Meine Familie Ostern 2024

EIN FETZEN DER BLEIBT LIEGEN
EIN BLATT PAPIER KLAGT AN
DAS NETZ FÄNGT KLEINE FISCHE
WAS HAB'N SIE NUR GETAN

EIN BAYER STINKT GERN SALZIG
IN BREMEN RIECHT'S NACH KOHL
IN KÖLN GIBT'S SCHWULE NASEN
UND ICH ICH HAB' SIE VOLL

EIN ARBEITSPLATZ IST TROCKEN
EIN ALKI PISST SICH NASS
ICH SEH' MIR DAS NICHT GERN AN
HAB' DARAN KEINEN SPASS

DIE MOSEL KOCHT BALD ÜBER
DER RHEIN FÄNGT AN ZU SCHIEL'N
DER GANGES SCHWIMMT ZUM DOKTOR
ZWEI KLEINE RIESEN SPIEL'N

DAS LACHEN ÜBERGIBT SICH
DREI TRÄNEN KOSTEN GELD
KARTOFFELN KÄMPFEN EINSAM
UND RETTEN DOCH DIE WELT

EIN MAI HAT KEINEN KÄFER
IM JUNI PFEIFT DER SEE
IN SPANIEN FEHLT DER SOMMER
IN IRLAND SCHLÄFT DIE FEE

DER FELDSALAT LÄUFT SCHLITTSCHUH
VEREIST IST MANCHES LOCH
DER EISKUNSTLÄUFER FRAGT SICH
WAS SOLL ICH HIER BLOSS NOCH

ZYLINDER FÜLLEN KÖPFE
EIN ROHRSPATZ SINGT DAZU
DIE NEBENFLÜSSE KLIRREN
UND FALL'N HERAB IM NU

IM WATT GIBT'S KEINE PILZE
IM WALD HÄNGT HEUT' EIN BOCK
IM RADIO SPIELT 'NE SUPPE
UND ICH GEH NOCH AM STOCK

DIE BUTTER SCHREIT IM DUNKELN
DIE MARGARINE QUAKT
IM QUARK SCHWIMMT EINE SPINNE
EIN SINN WIRD ABGEHAKT

GESTIEFELT WIRD DER KATER
EIN ZEBRA GERN BEDRUCKT
KANINCHEN LEGEN EIER
DAS LAMA WIRD BESPUCKT

SCHNEEWITTCHEN KÜSST ZWEI FRÖSCHE
DANN SPRINGT EIN KOPF INS BETT
DORNRÖSCHEN LIEGT IM HIMMEL
UND HANS IM GLÜCK IST NETT

GEFÜLLTES EIS SCHMECKT SAFTIG
DIE HÜHNERSUPPE BRENNT
DAS GULASCH RIECHT NACH FISCHMEHL
WAS NÜTZT'S WENN IHR MICH KENNT

DER KOCH HAT VIELE KRALLEN
WOMIT ER REHE KILLT
DER APPETIT GEHT KOTZEN
ICH ESS SEHR GERN GEGRILLT

DER LIEBLINGSSAFT BRAUT OBSTLER
IN BAYERN BRICHT EIN KREUZ
IN DORTMUND GEHT DAS BIER AUS
DIE BREMER JA DIE FREUT'S

GAR TEUFLISCH SCHMECKT DER ROTBARSCH
DER LEBENSSAFT SCHMECKT FAD
DOCH BESSER SCHMECKT EIN KLEINHIRN
ES IST SO HERRLICH ZART

EIN KREISEL BRUMMT RECHT LEISE
DER SCHLUSS WAR ZIEMLICH LAUT
GETROFFEN WURDEN PETER,
ZWEI STÜHLE UND DIE BRAUT

DER KOMMISSAR WIRD KOMMEN
WENN MAN DEN SPARGEL STICHT
DOCH GIBT ES KEIN VERSPRECHEN
IM BEET BRENNT JA NOCH LICHT

DER DREHZAHL WIRD'S RECHT SCHWINDLIG
DIE SCHNECKE FRISST IHR KNIE
DIE ÜBERZAHL GEHT UNTER
BEIM LOTTO KLAPPT ES NIE

DER STOCKFISCH BRICHT ZUSAMMEN
DREI AALE SPIELEN SKAT
DER KIEBITZ KRIEGT 'NEN ARSCHVOLL
EIN WOLF STEHT IM SALAT

DER SCHLAF IST SEHR VERLEGEN
DIE PEPERONI LACHT
EIN WÖLKCHEN LIEGT IM KÜHLSCHRANK
UND KOMMT HERBEI GANZ SACHT

DER GABELSTAPLER HUSTET
DER LÖFFEL HÄLT DIE WELT
DIE MESSER STECHEN MECKI
DREI GROSCHEN GEH'N INS GELD

BLITEKRIEG

DER SANDMANN KOMMT ALS HENKER
DAS SEIL DAS REISST BALD AB
ZWEI AUGEN FALLEN ABWÄRTS
UND BLEIBEN MIT IM GRAB

DIE TRÄNE GEHT AUF REISEN
IM SCHLAUCHBOOT IST EIN LECK
ERTRINKEN WIRD DER KUCHEN
UND WIR SIND AUCH BALD WEG

MARLEN MEINT SIE ISST KALBFLEISCH
ES SIEHT AUCH ÄHNLICH AUS
NUR SCHMECKEN TUT'S NACH SCHEISSE
WÄHL'S NÄCHSTMAL BESSER AUS

ZWEI ZWANZIG SIEBZEHN ACHTZEHN
ELF SIEBEN DREIZEHN DREI
EIN TANKER FÄLLT VORN ÜBER
UND HAT VIEL BIER DABEI

EIN KIRSCHBAUM RUFT ZUM HIMMEL
SCHMEISS WASSER AUF MEIN HAUPT
DIE WOLKEN ABER SAGEN
WIR SIND DESSEN BERAUBT

PIRATEN KÜSSEN WÜRMER
DER TOD VERSCHLINGT DIE PEST
ZUM GLÜCK GIBT'S HEUTE PUDDING
DAS GIBT DER WELT DEN REST

MIT ZWANZIG KANNSTE SAUFEN
AB HUNDERT GEHT'S NICHT MEHR
VIER FLIEGEN FEIERN HOCHZEIT
FÜR'S LESEN DANK ICH SEHR

DAS SOFA GEHT SPAZIEREN
DER SESSEL BLEIBT DAHEIM
DER STUHL GEHT AB VON OMA
DAS SOLL'S FÜR HEUTE SEIN

BORNIERTE BIRNEN WANDERN
BESCHMIERT WIRD EIN CAFÉ
DER ROTFUCHS PLATZT IM FESTZELT
EIN HAIFISCH TRINKT GERN TEE

DIE TÜR SPRINGT AUS DEM FENSTER
DAS DACH HAT SICH VERLIEBT
DER KELLER WILL NACH OBEN
UND WERDER HAT'S VERSIEBT

DER RHEIN FÄLLT IN SCHAFFHAUSEN
DER BEI FÄLLT IN DAS SCHLOSS
DER ZU FÄLLT AB UND ZU MAL
UND BERND SITZT HOCH ZU ROSS

KALKUTTA LIEGT AM GANGES
UND AMSTER LIEGT AM DAMM
ANTWERPEN LIEGT IM FENSTER
UND ICH BLAS' AUF DEM KAMM

DER EINE KOMMT AUS CHINA
DER ANDRE KOMMT AUS ROT
UND JEDES KLEINE KIND WEISS
VON KOHL GEHT KEINER TOT

DAS HOCHLAND KOMMT ZUM TALE
UND NIEDERLAND KOMMT HOCH
IN DEUTSCHLAND GIBT'S VIEL NAZIS
UND HELGOLAND GIBT'S NOCH

GESAMTGUTHABEN SINKEN
UND EIS STEIGT AUS DEM MEER
GESABBELT WIRD VIEL WIRRES
UND UNS GIBT'S BALD NICHT MEHR

DIE BADEWANNE TORKELT
SIE HAT STATT WASSER WEIN
DAS SCHMECKT GANZ AUSGEZEICHNET
ICH FINDE DAS GANZ FEIN

DIE BIRNE MACHT DAS LICHT AUS
DAS TUT IHR GAR NICHT GUT
JETZT HÄNGT SIE HALT IM DUNKELN
SIEHT NICHT DAS VIELE BLUT

DAS MARZIPAN SCHWITZT SCHRECKLICH
DAZU FRIERT EINE KUH
MUSIK WIRD IMMER LAUTER
UND ICH KRIEG' KEINE RUH'

ZWEI KUGELN ROCK'N ROLLEN
EIN SCHWARZER BLUEST DAZU
NUN KOMMT DIE GROSSE SCHEISSE
DER SCHLAGER GIBT KEIN' RUH'

EIN SCHORNSTEIN SPUCKT PRALINEN
DAS LICHT HAT KEIN GEWICHT
DER KÜRBISKERN SPUCKT LAVA
ICH SPUCK' DIR INS GESICHT

ZWÖLF TEILE SIND EIN DUTZEND
DAS WEISS NOCH JEDER GREIS
DAS EINS UND EINS GLEICH ZWEI SIND
DER BANKER NICHT MEHR WEISS

ZWEI AUGEN GEHEN SCHWIMMEN
DER MUND KOMMT VOR GERICHT
DIE NASE GEHT ZUR MAMA
NUN FEHLT WAS IM GESICHT

DER ASCHENBECHER HUSTET
DER ABFALLEIMER KOTZT
ES IST DOCH WEIL EIN JEDER
NICHT KLECKERT SONDERN KLOTZT

DIE ÖLSARDINEN BRAUCHEN
NICHT DOSEN ODER FUSS
ES REICHT SCHON DASS SIE SCHWIMMEN
IM NASS DES ÜBERFLUSS'

IM SCHREIBTISCH STEHT EIN SPIEGEL
GESEHEN WIRD MAN GERN
MANCH EINER IST ZU EITEL
ICH SPRECH' VON REICHEN HERR'N

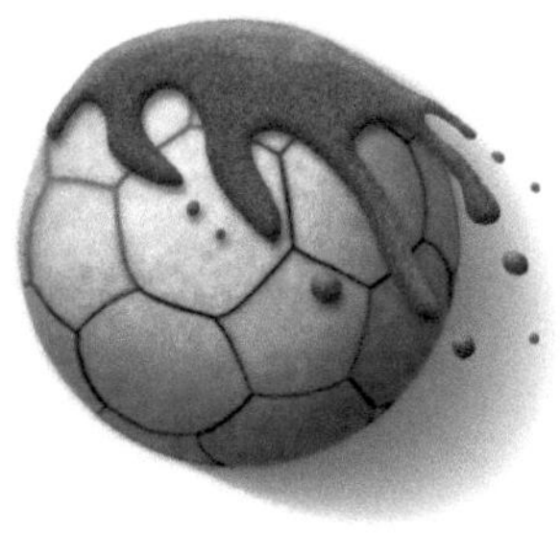

BEIM HANDBALL WIRD BESCHISSEN
BEIM ESSEN WIRD GESCHMIERT
ES IST SCHON REICHLICH SCHADE
DASS MAN SICH NICHT GENIERT

MILLIARDEN DARF MAN KLAUEN
EINSZWANZIG ABER NICHT
NUN MUSS MAN ENDLICH EINSEH'N
GERICHTE BRINGEN'S NICHT

NOCH LACHEN ALLE BONZEN
BIS MAN SIE MACHT GANZ PLATT
MAN KANN NUR SOVIEL ESSEN
WIE MAN DOCH HUNGER HAT

DAS MEISTE TRINKGELD GIBT DER
DER KEINE KOHLE HAT
MORAL IST IMMER UNTEN
UND OBEN WIRST' NICHT SATT

SO KRIMINELL WIE KUJAU
IST POLITIK NUN NICHT
SIE IST NOCH VIEL VIEL SCHLIMMER
SO SCHLIMM DASS MAN ERBRICHT

,

DIE KINDERGÄRTEN SCHREIEN
DIE SCHULEN EBENSO
IHR GELD SITZT NUN IN BANKEN
SCHMEISS ES DOCH GLEICH INS KLO

DAS ARBEITSLOS GEWINNT NIE
DIE LOSBUDEN SIND LEER
GEWINNE SIND VERTEILT
FÜR UNS GIBT'S DA NICHTS MEHR

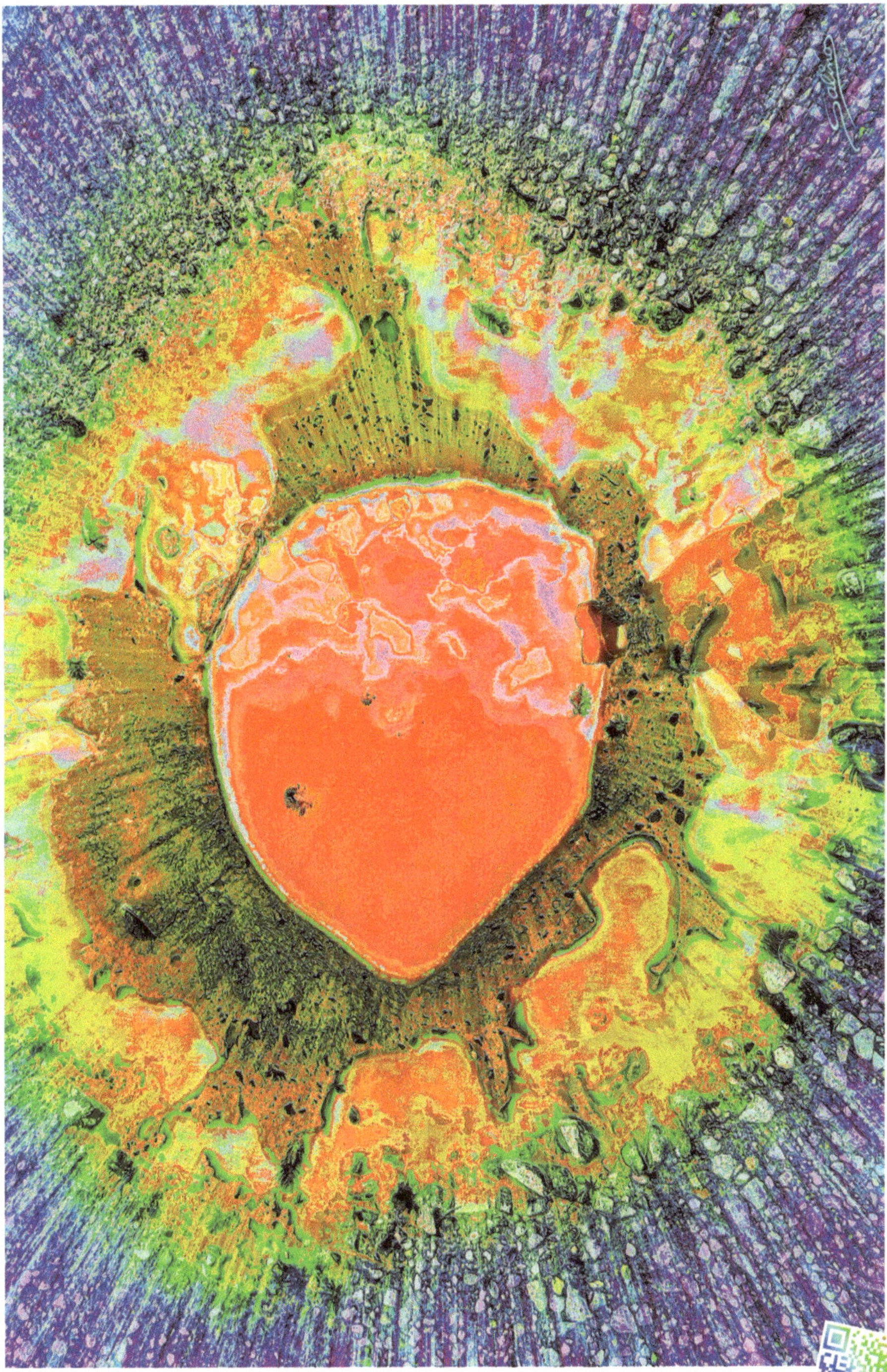

Mirroreggs Plosion – Salinos 2022

unten…?

mehr ➡➡

EIN BLATT PAPIER SINGT OPERN
EIN LÖSCHBLATT IST VERBRANNT
DAS HERBSTBLATT FLIEGT IM SOMMER
UND BLEIBT GANZ UNERKANNT

DER SCHNEEBALL LIEGT AM PFOSTEN
DER OPERNBALL IN WIEN
EIN FUSSBALL SCHMÜCKT DIE HECKE
UND ICH MUSS WEITERZIEH'N

ZWEI INDIANER GURGELN
UND WIEHERN WILL DER SCHRAT
DER SPITZE STEIN WIRD STOLPERN
EIN EIMER MACHT SPAGAT

IM TEICH SCHWIMMT 'NE PATRONE
IM HIMMEL WIRD GEMALT
DER HÖLLENHUND SPIELT MURMELN
UND SIEGT NUR MIT GEWALT

DIE KLAMMERN SIND GEFÜHLLOS
UND HARRY IST VERKLEMMT
KEIN AFFE WILL IHN KÜSSEN
AUCH NICHT IM UNTERHEMD

GEROCHEN WIRD MIT NASEN
EIN KABEL JAULT INS OHR
DER HERR RINGT MIT DEN ARMEN
FRANK ZANDER HAT EIN ROHR

ERDACHTES IST GELOGEN
EIN SCHWUR NICHT IMMER ECHT
IN DEUTSCHLAND IST SEHR VIELES
NOCH LANGE NICHT GERECHT

EIN DRECKSACK WIRD GEÖFFNET
DER FALSCHE HASE BRÜLLT
DIE ZEITUNG FLIEGT ZUM FRIEDHOF
DIE KÜCHEN SIND VERMÜLLT

DER SONDERMÜLL TRINKT O-SAFT
ZWEI HAFENSCHLAMPEN FRIER'N
DIE BATTERIEN SIND EINSAM
EIN PAPST MUSS SICH BLAMIER'N

DAS TELEFONBUCH BRÖCKELT
DER LEKTOR STELLT EIN BEIN
DIE LANGEN HAARE BLUTEN
DIE OHREN SIND GEMEIN

DER ASCHENBECHER ZWEIFELT
DIE FLUPPEN FALL'N INS LOCH
DIE DRUCKBUCHSTABEN FRAGEN
WER LIEST UNS DENN NUN NOCH

ZWEI SPINNEN TAUCHEN VORWÄRTS
DIE KATZEN SCHWIMMEN SCHNELL
DER HUND GUCKT PLANLOS FERNSEH'N
ICH HAB EIN DICKES FELL

GEWÖHNUNG MACHT SEHR BLÖDE
UND DUMM AUCH NOCH DAZU
DIE LANGEWEILE SCHLÄFT GUT
SO STERBEST DU IM NU

SANDALEN GOLFEN EINSAM
DIE FÜSSE TUN OFT WEH
DER CADDY FÄHRT IM AUTO
IHM FEHLT DER KLEINE ZEH

WENN DIENSTAG MITTWOCHS ANGELT
SIND FISCHE NICHT ZUHAUS'
SIE SIND AUF EINER PARTY
MIT IHREM FREUND DEM KLAUS

IM PARK PAART SICH EIN LEO
EIN LÖWE STICHT IN SEE
EIN SITTICH SCHWIMMT IN WELLEN
EIN NACKTER SCHIEBT DEN SCHNEE

EIN GRÜNER PFARRER REGELT
SEHR SELTEN DEN VERKEHR
DAS HÜHNERFUTTER SCHMECKT IHM
WAS WILL ER DENN NOCH MEHR

ERSCHOSSEN WIRD EIN SPIEGEL
ER GEHT DABEI ENTZWEI
MAN KANN SICH NICHT MEHR SEHEN
NUN DENKT MAN MAN IST DREI

DER MOHNKUCHEN HAT FLECKEN
IM SANDKUCHEN LIEGT SCHNEE
DER ERDBEERKUCHEN BLUTET
DOCH TUT IHM GAR NICHTS WEH

DIE HAUPTSTADT HAT KEIN’ KOPF MEHR
IM DORF DIE SCHULE BRENNT
GEWEHRE LIEGEN OFFEN
WER HAT DENN DA GEPENNT?

EIN TASCHENTUCH VERZAUBERT
MIT TEMPO GIBT MAN GAS
DIE NASENLÖCHER LACHEN
DAS SCHNAPSGLAS BRINGT UNS WAS

AM POPOCATEPETL
IN ENGLAND UND IN ROM
SOGAR IN CASTROP-RAUXEL
TRIFFT ELSE IHREN SOHN

DIE PEKINGENTE SCHLÄFT NOCH
EIN SCHUTZMANN IST GESCHMINKT
DER MÖRDER HINKT ZUM KUHSTALL
EIN RECHTER WIRD GELINKT

DIE BOMBENDROHUNG SETZT SICH
POLITIKER SEH’N FERN
DIE ANGST GEHT SCHNELL VORÜBER
DAS HAB’N DIE SCHWEINE GERN

Jella
Louis
MIKO

von Albrecht Dürrer 1973

BIS DAS DER TOD EUCH SCHEIDET
IST FALSCH DOCH SCHIETEGOL
IM FILM GIBT'S VIEL GEMÜSE
DAS TUT UNS ALLEN WOHL

DER FISCHER SCHLÄGT 'NEN BULLEN
UND STREITET'S AUCH NICHT AB
WIRD DEUTSCHLANDS GROSSER MACKER
ICH LACH' MICH HEUT' NOCH SCHLAPP

SANDALEN WÄHLEN NAZIS
DIE STÖCKELSCHUH' WÄHL'N ROT
ICH WÄHL' BEI MEINEM BÄCKER
AUS VIELEN SORTEN BROT

DER RECHTSANWALT MUSS LÜGEN
UND SCHULD IST VORHER KLAR
ICH KANN'S NICHT MEHR VERSTEHEN
GIBT'S DA EIN SEMINAR?

WOHER KOMMT WOHL DER TANKWART
SIND WÄCHTER IMMER STARK
DER TÜRSTEHER VERDIENT VIEL
UND HAUT AUCH MAL INS MARK

GRUNDLOSE HÄUSER FALLEN
INS NICHTS UND TIEFER NOCH
WENN KEINER SIE DANN AUFHÄLT
KOMM'N SIE NICHT WIEDER HOCH

IN KÖLN SIND SCHLAUE KÖPFE
SIE DENKEN OFT SEHR TIEF
DAS HAUS IST EINGEFALLEN
WEIL JEMAND ES LAUT RIEF

IN INDIEN STINKT'S GEWALTIG
ES WIRD JETZT ZUGEMÜLLT
GEWUSST HAT'S JA EH KEINER
ICH HÄTTE DOCH GEBRÜLLT

DIE MIKROWELLE KOCHT MIR
AM FREITAG NOCH EIN HEMD
DAMIT ICH SAMSTAG NACHTS DANN
EIN SCHÖNES MÄDCHEN BLEND

IM SCHWARZWALD LIEGT EIN WEISSKOHL
DAS GELB MACHT SÜCHTIG GAR
DER ROTKOHL HEISST AUCH BLAUKRAUT
NICHTS IST MEHR WIE ES WAR

DER RÜLPSER STÖSST DAS TOR AUF
EIN MAGEN SCHAUT HERVOR
ER IST VOLL VON GESCHWÜREN
DAS KOMMT HEUT' ÖFTER VOR

EIN RENNER KENNT DIE STRECKE
EIN GEHER EHER NICHT
FÜR BEIDES BRAUCHST DU BEINE
DASS IST BEIM LAUFEN PFLICHT

DAS MOTORRAD KLAUT DIESEL
EIN AUTO KLAUT EIN'N BLITZ
ICH KLAUE LIEBER GAR NICHTS
MIR REICHT WAS ICH BESITZ

DAS SCHWEIN FÄNGT AN ZU DENKEN
DER HUND FÄNGT AN ZU SING'
ICH FANGE KLEINE FISCHE
DIE ICH NACH HAUSE BRING'

Mad Murphy's Thirsty Dogs - Blues Club Bremen 2.9.2023

IM TAUBENSCHLAG GIBT'S WHISKEY
IM MEISENFREI GIBT'S BLUES
IN ENTEN HAUSEN KATZEN
WENN DU ES WILLST DANN TU'S

IM TANZSAAL WIRD GEHOPPELT
IM SCHWIMMBAD WIRD GERAUCHT
IM WALD WIRD VIEL GESCHISSEN
IM GLASHAUS WIRD GETAUCHT

DIE ENTE IST KEIN AUTO
UND WIRD'S AUCH NIEMALS SEIN
HAST DU SIE MAL GEFÜTTERT
BLEIBT SIE DOCH IMMER KLEIN

DIE GRAMMZAHL IST HEUT' HUNDERT
IM URLAUB WIRD MAN BRAUN
DAS FRÜHSTÜCK SINGT ALLEINE
IM BRÖTCHEN LIEGT NOCH SCHAUM

DIE ZENTRIFUGE LEUCHTET
GEKIESELT WIRD EIN STEIN
GEWÄHLTE LEUTE SCHLAFEN
DAS MUSS DOCH ECHT NICHT SEIN

IM FAHRSTUHL KANNST DU FAHREN
IM BEICHTSTUHL SITZT DU DRIN
UND HAST DU BLUT IM STUHLGANG
DANN BIST DU FAST SCHON HIN

DER FLUCHTWEG FÜHRT INS DACHSLOCH
DER AUSWEG KOMMT HEREIN
DER RÜCKWEG SCHNELLT NACH VORNE
DEM HOLZWEG FEHLT EIN BEIN

DER SCHAFFNER KLAUT EIN HOLZBEIN
PROTHESEN FAHREN FREI
EIN MANN LIEGT AUF DEN SCHIENEN
GEH' AUF IHN ZU UND SCHREI

GELÖSTES HAAR WIRD TROCKEN
EIN TROCKNER MACHT'S KAPUTT
DIE WASCHMASCHINE RUDERT
UND MORGEN KOMMT DIE FLUT

JOACHIM WITT SINGT EWIG
DIE NERVENKLINIK STINKT
GEWASCHEN WIRD SIE GAR NICHT
WEIL KEINER SEIFE BRINGT

MIT STACHELN KANN MAN STECHEN
MIT MESSERN EBENSO
VERSUCH'S DOCH MAL MIT LÖFFELN
UND ISS DIE ROSI ROH

VERGESSEN WIRD DER EINKAUF
UND EBENSO DAS GELD
DAS ALZHEIM WIRKT VERLASSEN
GAR HIER AUF DIESER WELT

EIN SCHLITTSCHUH MÖCHT' NACH DUBAI
DOCH KEINER FLIEGT IHN HIN
DIE SONNE BLEIBT IM KELLER
DER MOND IST AUCH SCHON DRIN

DIE ANSTRENGUNG BELEBT DICH
DOCH ZUVIEL IST NICHT GUT
BLEIB' LIEBER MAL IM BETTE
UND SPRICH MIT DEINEM HUT

EIN GUPPY SCHWIMMT NACH HOLLAND
EIN HAIFISCH GAR NACH KIEL
DER GROSSE FRISST DIE KLEINEN
UND ICH ICH SCHWIMM IM NIL

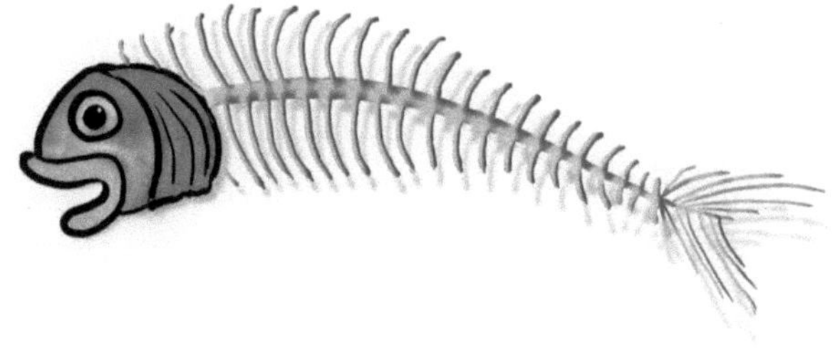

GELOBTES LAND SCHAUT PEINLICH
ES KANN NICHT REAGIER'N
HAT NICHTS GEMERKT IM VORFELD
WIE KANN SOWAS PASSIER'N

MELONE TRINKT GERN WASSER
AUCH HONIG WIE IHR WISST
DER WILLIAM ISST 'NE BIRNE
ER IST EBEN EIN CHRIST

DIE WÜSTE IST BELEIDIGT
WEIL MAN SIE NICHT SEHR LIEBT
SIE KÄMPFT MIT FIESEN MITTELN
ICH HAB' SIE LETZT BESIEGT

AM WEIHNACHTSTAG IST OSTERN
DER VATERTAG MACHT BLAU
DER MUTTERTAG IST SCHEISSE
SAGT SOGAR MANCHE FRAU

GEMÜSEGURKEN GEHEN
IM REGELFALL NICHT FREMD
EIN INSOLVENTER SCHNEIDER
MACHT SICH AUCH NICHT INS HEMD

DIE DURSTSTRECKE BLEIBT TROCKEN
DIE RENNSTRECKE IST NASS
EIN AUTO FÄHRT ZU SCHNELLE
DER FAHRER WIRD GANZ BLASS

GEHOBELT WERDEN SPÄNE
EIN KIWI WIRD RASIERT
EIN REH STOPPTE DEN FAHRSTUHL
SONST WÄR' ETWAS PASSIERT

DIE KLEIDUNG NIMMT EIN B MIT
DER BAHN FEHLT JETZT EIN U
ES STEH'N BEI I'S DIOTEN
UND SCHAU'N BEIM ATMEN ZU

DIE MAMAS UND DIE PAPAS
REGIER'N MIT HARTER HAND
MUSIK MACHEN DIE KINDER
UND TOUR'N VON LAND ZU LAND

ELF METER IST DER FLUSS LANG
EIN METER TRINKT 'NE MASS
ZWÖLF METER SIND EIN DUTZEND
EIN SCHWIMMER WIRD OFT NASS

EIN HANDY HAT GESTOTTERT
WAR DESHALB AUCH BEIM ARZT
DER SCHMISS ES DANN INS KLO GLEICH
ES WAR AUCH NOCH VERWARZT

DIE WEIHNACHTSKUGELN KREISCHEN
BEIM AUFTRITT VON JACKO
ICH HEISS' UWE JAKOBY
UND HIESS SCHON IMMER SO

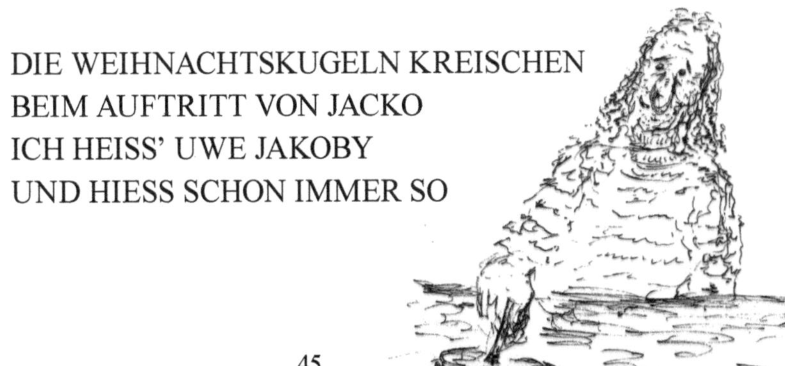

BALLETTSCHUH' BRECHEN LANGSAM
NOCH EHER BRICHT DER FUSS
DIE OSTSEE GREIFT ZUR ANGEL
DIE NORDSEE IST KEIN FLUSS

DER SECHZIGSTE GEBURTSTAG
IST IMMER FÜR DICH DA
EIN KATZEKLO RIECHT SELTEN
DAS IST DOCH JEDEM KLAR

DER LEUCHTTURM, JA DER LEUCHTET
BEI TAG UND IN DER NACHT
DAMIT MAN MIT DEM SCHIFFCHEN
AUCH KEINEN UNFALL MACHT
PASSIERT DER FALL NUN TROTZDEM
UND SCHIFFCHEN HÄNGT IM SEIL
DANN GAB ES KEINEN LEUCHTTURM
DER KÄPT'N WAR NUR GEIL

DIE MUSCHELN FAHR'N ZUR OMA
AUCH MANCHMAL IN DEN BAUCH
DORT TREFFEN SIE ZWEI SCHNECKEN
UND HÜHNERBEINE AUCH

DER FALKE STIEHLT DEN MARDER
DER BODEN IST VERWIRRT
ES KANN NICHT JEDER NEHMEN
WAS IHM NICHT MAL GEHÖRT

DIE KIRCHENSTEUER LENKT NICHT
DIE KIRCHE EHER SCHON
MANCH EINER HAT KEIN HEIM MEHR
KANN AUCH IN DIESER WOHN'N

DAS BRIEFPAPIER ISST AALE
DAS ESSPAPIER SCHLÄGT EIN
PAPIER IST SELTEN SAUER
HAUT KEINEM EINE REIN

DER BILDERBOGEN KRÜMMT SICH
ER HAT DOCH GRAD GESEH'N
DER FLITZEBOGEN KONNT' NICHT
ALLEIN NACH HAUSE GEH'N.

BETRUNKEN IST DER STAMMBAUM
GEFEIERT WIRD DER TAG
DIE NACHT WIRD DURCHGESOFFEN
WEIL JEDER ES SO MAG

M. Y.
DEKADINO

DIE KLEINEN BABIES KACKEN
DIE GROSSEN BABIES NICHT
SIE SCHAUEN LIEBER KOCHSHOWS
BIS DAS DER TAG ERBRICHT

EIN TELEFON SPRICHT LEISE
DIR FREMDWORTE INS OHR
DER DOLMETSCHER HILFT WEITER
DIE MUSCHEL KOMMT HERVOR

DIE BRILLE SCHMECKT NACH KETCHUP
DER SENF LIEGT TOT IM BETT
DANEBEN LIEGT DIE MAYO
DIE BRATWURST WAR ZU FETT

PIK AS SINGT STILL UND LEISE
HERZ BUBE PUPST DAZU
KREUZ DAME FINDET'S EKLIG
UND MACHT DIE TÜRE ZU

DER KUGELSCHREIBER HÖRT SCHLECHT
DER BLEISTIFT IST HEUT' BLIND
KANN MORGEN WIEDER SEHEN
UND HILFT DEM KLEINEN KIND

EIN LIEFERSCHEIN VERGISST SICH
BEZAHLT WIRD MIT BONBONS
DER PLEITEGEIER ZANKT SICH
UND WIRFT DABEI KARTONS

NEUN MILLIMETER TÖTEN
NEUN METER SPRINGT EIN MANN
DER ZENTIMETER MISST SICH
WEIL EGON DIES NICHT KANN

IM WALD WIRD NUN GEBADET
IM MOOS LIEGT EIN GEWEHR
GESCHOSSEN WIRD SEIT GESTERN
ES GIBT KEIN FEUER MEHR

DAS BUCH WIRD AUFGESCHLAGEN
GESCHLAGEN WIRD DAS TIER
DIE FRAU SCHLÄGT AUF DEN BODEN
DIE STUNDE SCHLÄGT NUR MIR

DIE ARBEITSZEIT KÜRZT GELDER
DER CHEF KÜRZT DEIN GEHALT
DAS LIEGT NICHT AN DER LEISTUNG
DU BIST EINFACH ZU ALT

GESCHWEISST WIRD HEUT' EIN HANDTUCH
SALATE RAUCHEN OBST
GESUNDE HAARE HÄMMERN
UND DARAUF EINEN TOAST

DER STREIT WIRD VIELE STRAFEN
VERTRAGEN IST KEIN MUSS
MANCH EINER WIRD NUN DENKEN
DER HAT JA EINEN SCHUSS

DER KLEBER FÄLLT VOM SOCKEL
DAS GELD FÄLLT HINTERHER
DER UHU VON DER STANGE
UND ERICH FÄLLT INS MEER

DER MILCHREIS KOMMT IN MILCH VOR
BASMATI REIS MACHT SCHLANK
DER FUCHS FÄHRT MIT DEM FAHRRAD
DIE MILCHSTRASSE ENTLANG

DIE ROTE GRÜTZT GENUSSVOLL
DAS GRÜN SPANT IN EIN ROHR
DAS GELB SUCHT OFT VERGEBENS
DAS WEISS KOHLT UNS WAS VOR

EIN TEPPICH SPIELT GITARRE
EIN TEPPDU SPIELT KLAVIER
EIN TEPPER ERSTE GEIGE
UND TEPPSIE BLEIBT BEI MIR

WENN'S FRIERT IST MANCHER SEE ZU
AUCH BANKER SIND EISKALT
SIE LÜGEN FLEISSIG WEITER
UND PLEITE SIND WIR BALD

DU HAST 'NE SCHÖNE BRILLE
IM KLO IST SIE KAPUTT
DIE HÄUSER LIEGEN OFTMALS
IN ASCHE UND IN SCHUTT

DIE SCHÖNEN BLUMEN DUFTEN
UND STINKEN TUT EIN SCHWEIN
AUCH LEICHEN RIECHEN SELTSAM
SIND DESHALB OFT ALLEIN

DAS MEHL IST AUSGEGANGEN
UND AUCH DEIN MANN ERICH
DAS MEHL DAS HAST' BALD WIEDER
DEN ERICH EHER NICH'

DIE WUT GEHT NIE VERLOREN
DER SCHLÜSSEL MANCHMAL SCHON
DANN KLINGEL ICH BEIM NACHBARN
DER WEISS AUCH WO ICH WOHN'

GEH-HILFEN HELFEN LAUFEN
GEHILFEN HELFEN DIR
EIN HILFERUF VERFÄHRT SICH
ER MÖCHTE GERN ZU MIR

DER SCHUSTER SUCHT DAS WEITE
DIE SCHUHE SUCHEN WIEN
ICH SUCHE MEINE FÜSSE
SIE LIEGEN IM KAMIN

EIN HAMSTER BOHNERT SCHRÄNKE
DA LIEGEN HOSEN DRIN
WENN MEINE FRAU MICH RAUSSCHMEISST
DANN WOHNE ICH DARIN

Nachher

MEIN TRECKER LÄUFT ZU OMA
SIE BACKT SEHR GUTES BROT
ER FRISST IHR AUS DER HAND NUN
UND ALLES IST IM LOT

ICH DREH' AM RAD DES LEBENS
ES BLEIBT NUN ÖFTER STEH'N
ICH BÜCK' MICH OFT VERGEBENS
WIR MÜSSEN ALLE GEH'N

EIN STURM BLÄST AUS DIE GURKEN
DER AND'RE SCHIESST EIN TOR
IM WINDE STEHT VERLASSEN
EIN MANN NAMENS AL GORE

DER LUIS TRENKER STIEG OFT
DIE BERGE RAUF IM NU
ICH STEIGE AUF EIN FAHRRAD
UND LASST MICH JETZT IN RUH'

ICH SETZE MICH INS GLASHAUS
UND PETER SETZT AUF SCHWARZ
EIN HAHN SCHMEISST MIT TABLETTEN
UND EMIL WOHNT IM HARZ

DER DACKEL JODELT SELTSAM
UND VÖGEL BRAUCHEN JOD
MANCH' MENSCH ISST DIESES AUCH GERN
ER DENKT SONST GEHT MAN TOT

DIE KRABBEN PUHL'N IN NASEN
ICH TUE DIES AUCH GERN
DIE POPEL SCHMECKEN SCHEISSE
LASS VÖGEL SIE VERZEHR'N

EIN GULASCH LIEGT IM FENSTER
DIE FRIKADELLE STIRBT
EIN FISCHSTÄBCHEN KANN SCHWIMMEN
BIS ES GEANGELT WIRD

DREI FRATZEN JAGEN ANGST EIN
DIES KÖNNEN FILME AUCH
DRUM GUCKST DU LIEBER KERMIT
DIE METTWURST HÄNGT IM RAUCH

EIN WEISSHEITSZAHN VERSCHLUCKT SICH
UND KRIEGT 'NE GÄNSEHAUT
ICH SCHLUCKE LIEBER MAIBOCK
UND RÜLPSE DANN GANZ LAUT

DIE WILDGÄNSE VERMEHR'N SICH
DOCH TUN DIES SCHASCHLIKS NICHT
DAS WÄR' JEDOCH VON VORTEIL
ES IST DEIN LEIBGERICHT

GESETZT IST OFT EIN ALTER
GESETZE SIND NICHT SCHLECHT
MAN MUSS MIT IHNEN UMGEH'N
MANCH' RICHTER SPRICHT KEIN RECHT

BESETZT IST EINE SCHULE
ICH SITZE AUF DEM ARSCH
BESITZTUM KANN RECHT SCHÖN SEIN
UND WENN'S NUR IST EIN BARSCH

VERSAGER SIND OFT EINSAM
VERSPRECHERN WIRD VERZIEH'N
VERDUFTEN STINKT NACH FEIGHEIT
WIR FAHREN NACH BERLIN

IM HOCHHAUS LEBT 'NE ZEITUNG
DIE MIETE IST SEHR HOCH
DRUM FLIEGT SIE AUS DEM FENSTER
INS TIEFE FINST'RE LOCH

DAS HIGHLIGHT IST AM DIENSTAG
EIN HAI IST KEINE SAU
MIT MITLEID KANNST' NICHTS WERDEN
UND COLA LIGHT SCHMECKT LAU

DIE DUSCHE SCHMEISST DAS HANDTUCH
DER SCHNEEMANN WIRFT MIT ZINN
DIE BIENE SCHMEISST MIT HONIG
UND ICH SCHMEISS' MICH GLEICH HIN

IM PUDDING WIRD GEBADET
'NE ALTE SOCKE BELLT
DER HOLZSCHUH ROLLT IM URWALD
SAG' MIR WAS KOST' DIE WELT

DIE GEIER KREISEN LUSTLOS
UM EINEN ALTEN SCHRANK
DENN IHN WOLLT KEINER KAUFEN
SIE SIND DOCH ALLE BLANK

DIE ACHT IST REICHLICH SIEBEN
MIT SIEBZEHN TRÄUMT MAN NOCH
MIT HUNDERT IST MAN LUSTLOS
DOCH LIEBEN KANN MAN DOCH

MEIN BLUT FING AN ZU SCHREIEN
NUN IST ES ENDLICH STILL
ES WOLLTE BLAU DOCH WERDEN
WAS ADEL SELTEN WILL

EIN SPIEGELEI LÄUFT AMOK
DIE ADERN WERDEN FETT
DAS KOMMT VOM VIELEN FRESSEN
DRUM BLEIB ICH HEUT IM BETT

DER JUCKREIZ LEBT VOM EURO
UND AMIS LEBEN GERN
SO GEHT'S AUCH EUROPÄERN
MENSCH BLEIB' BLOSS VON MIR FERN

Vorher

DIE ZEHNERKARTE HUMPELT
EIN PFENNIG FÄLLT INS KLO
EIN CENT KLEBT STUR AM FENSTER
UND SONNE STIMMT MICH FROH

DIE ORIENT IERUNG FREUT SICH
DAS ICH SIE NICHT GUT KENN'
ICH LAUFE OFT IM KREIS NOCH
UND MANCHES LAND WIRD BRENN'

DIE HELLIGKEIT IST SCHMUTZIG
IM DUNKELN SIEHT MAN GLAS
KRISTALLGESCHÖPFE WIMMERN
SIE WERDEN UNGERN NASS

DIE GLATZE ROLLT ZUM BAHNHOF
EIN BARTHAAR DAS GEHT AUS
MIT FIDDI UND MIT WILLI
UND ZWAR ZUM KLIMAHAUS

KARL AUGUST SPIELT GUT KARTEN
UND ROLAND SPIELT IM SCHNEE
ER STICHT MIT SPITZEN KNIEN
OH MENSCH WIE TUT DAS WEH

ES BETTELTE EIN HOLZBEIN
BEKAM AUCH TALER VIEL
ER RAUCHTE DANN ZIGARRE
HANNOVER WAR SEIN ZIEL

DIE WELT SCHWIMMT DURCH DIE NORDSEE
IN EINEM KLEINEN BOOT
DESHALB GEHT SIE NICHT UNTER
DOCH FISCHE GEHEN TOT

LOS FLUG ZEUG EINEN HELDEN
UND HUB SCHRAUB ER DOCH ZU
DER SCHRANK FÄLLT AUSEINANDER
UND ICH KOMM' NICHT ZUR RUH'

AB JETZT WIRD ECHT GESTORBEN
GEBOREN WIRD EIN KIND
ICH FRAGE MICH DOCH EHRLICH
DIE ANTWORT WEISS DER WIND

WEIL SCHWEINE GRIPPE KRIEGEN
DARUM GEH' ICH GESCHWIND
ZU ALBERT EINSTEINS GRABE
UND SEHE WAS GERINNT

WERDEN AB JETZT MEHR STERBEN
ALS WIE GEBOREN SIND
UNENDLICHKEIT KRIEGT RISSE
UND ESSEN WERD' ICH RIND

ES IST DIE MILCH DIE WEISS IST
ES IST EIN HIRN DAS SPINNT
ES KÖNNTE VIELLEICHT MEINS SEIN
DENN MANCHMAL BIN ICH BLIND

WER WEISS NUN NOCH WAS ZWEI IST
GESCHWEIGE WAS IST EINS
WAS HEUTE WIRKLICH MEINS IST
IST MORGEN SICHER DEINS

TOURNISTER BRAUCHEN SCHÜLER
MINISTER BRAUCHT KEIN MENSCH
GESCHWISTER SIND OFT EINSAM
UND ICH TRANK FRÜHER QUENSCH

VIER SOCKEN GEHEN BARFUSS
UND EINE HAT EIN LOCH
DAS STÖRT DIE KLEINE ASTRID
UND STOPFEN TUT SIE'S DOCH

EIN DENKMAL GEHT VORÜBER
DENK MAL DARÜBER NACH
OB'S WIRKLICH WAR EIN DENKMAL
MENSCH WERD' DOCH ENDLICH WACH

GEMALTE NASEN STINKEN
NACH UHR SACHEN UND WIND
BEMALTE BRÜSTE BLEIBEN
DOCH SCHLIESSLICH WO SIE SIND

DER FISCH STINKT OFT VOM KOPFE
DER KARL STINKT AUS DEM SCHUH
DER PUPS STINKT SCHON IM ARSCHE
MACH' MAL DIE AUGEN ZU

GERIEBEN WIRD DER KÄSE
ES SCHMECKT DAS GRIEBENSCHMALZ
DIE WEIHNACHTSGANS BEKLAGT SICH
ES GEHT IHR AN DEN HALS

EIN ASPIRIN FÄHRT FAHRRAD
UND KULLERT IN DEN BACH
DAS RAD WAR VIEL ZU LÄUFIG
UND MACHTE NUR NOCH KRACH

DER BLAUE HIMMEL FEIERT
IM WASSER SCHWIMMT EIN LOCH
DIE LUFT RÜLPST LAUT IM FAHRSTUHL
UND ICH VERSTEH' ES DOCH

IM HIMMEL FEHLT EIN ENGEL
DIE HÖLLE WARTET SCHON
DIE ERDE FRISST DEN TEUFEL
DU WEISST JETZT WO ICH WOHN'

EIN PUFFER SCHMECKT NACH SCHWARZBROT
EIN WEISSBROT RIECHT NACH SENF
DER PFANNKUCHEN LECKT ERBSEN
UND GELD WILL OFT NACH GENF

DER DOPPELKORN BRAUCHT HILFE
DENN KEINER BRAUCHT IHN NUN
ER WIRD HALBIERT VON TÜNNES
UND SCHEEL DARF ENDLICH RUH'N

IM SENDERAUM TRATSCHT TABAK
IM TEPPICH WIRD GEKLATSCHT
WER ÜBER IHN HINWEG GEHT
IST WIRKLICH SCHON BEMATSCHT

EIN GOTT SPRICHT ESPERANTO
IN BABEL IST MAN STUMM
VERLOREN IST DIE SPRACHE
DRUM WERDEN ALLE DUMM

IN SCHEESSEL GIBT'S MUSIKE
BEIM SCHLACHTER GIBT'S KEIN KORN
BEI MIR GIBT'S HEUT' TEQUILLA
DAS BRINGT MICH WEIT NACH VORN

DER WIRT SCHAFFT HEUTE GAR NICHTS
DIE BOT SCHAFT HEUTE VIEL
DIE MANN SCHAFT KOMMT NACH MITTAG
ICH KOMM' NOCH HEUT' ANS ZIEL

DREI WEISSE TAUBEN GACKERN
UND HÜHNER PICKEN MET
GESOFFEN WIRD NUR SAMSTAGS
WEIL'S IN DER WOCH' NICHT GEHT

BRE MENSCHEN SIND GANZ WITZIG
DORT MUNDET GAR NICHT SCHLECHT
ENG LANDET OFT IM KELLER
JA PANERN IST ES RECHT

DREI SCHAUKELN RUDERN HILFLOS
UND CLOWNS LIEGEN IM DRECK
IM HALS LIEGT EINE FLASCHE
NIMM SIE UND SCHMEISS' SIE WEG

GEBOREN WIRD EIN ZÄHNCHEN
AUCH BOHRT MAN DIESEN MAL
UND WENN ER DANN MAL AUSFÄLLT
BLEIBT AUCH DIE GLATZE KAHL

POLI TICKT OFT NICHT RICHTIG
DIE UHR BLEIBT SELTEN STEH'N
EIN STEIN HAT NEU ENTDECKET
DIE ZEIT SOLL VOR UNS GEH'N

BI ERICH GIBT'S OFT WEISSWEIN
UND ROTWEIN IST KEIN BLUT
AUCH JESUS HAT GESOFFEN
DAS TAT IHM GAR NICHT GUT

EIN RECHNUNGSWESEN WACKELT
EIN LEBEWESEN STIRBT
MANCH' WESENHAFTES LEUCHTET
UND ICH HAB' MICH GEIRRT

GLEICHGEWICHTSSTÖRUNG

EIN STROM HEISST MISSISSIPPI
EIN ANDERER HEISST NIL
ICH MACH' DAMIT KEIN LICHT AN
UND DAS HEISST AUCH NICHT VIEL

EIN ZAHNRAD SPIELT KEIN TENNIS
UND ICH SPIEL' KEIN KLAVIER
DAS ÄRGERT MICH DOCH MASSLOS
DRUM TRINK ICH ÖFTER BIER

IM JENSEITS GIBT'S KEIN EDEN
IM DIESSEITS GIBT'S MUSIK
GESUNGENES VERSCHWINDET
UND ICH HASSE PHYSIK

DIE SCHALLPLATTE VERSCHWINDET
EIN SCHALL WIRD NASS GESCHWIND
EIN MUND ERSCHLÄGT DIE SPRACHE
UND REITET MIT DEM WIND

DIE STEIER MARKT DIE SÜLZE
DIE MECKLEN BURGT IM RHEIN
DIE VOR POMMERT NACH BREMEN
DA IST ALLES HÜBSCH KLEIN

EIN ZAHN SPANGT IN DIE KRISE
EIN GE VATTERT EIN RECK
DIE DREI SIND GANZ ALLEINE
EIN BOOT STEGT IN DEN DRECK

GESUNDHEIT KOSTET LEBEN
EIN ZAHN LEGT HEUT' EIN EI
TERSCHELLING IST 'NE INSEL
UND LAUTERBACH MACHT FREI

DER EURO IST BESCHISSEN
UND MARK HIESS GESTERN „D"
DER DOLLAR IST EIN MÖRDER
DAS PFUND 'NE BÖSE FEE

BEI MICKEY MOUSE IST FETE
UND DONALD'S MAC IST KRANK
DRUM KANN ER NICHT DRAN TEILNEHM'
UND SITZT MIT TRUMP IM SCHRANK

VIER MÄUSE PULVERN NEUSCHNEE
DER RATTENFÄNGER STINKT
ER WOHNT IM TIEFEN KELLER
WO ER ZUM WEINE SINGT

VORBEI KOMMT HEUT' DIE RUHE
DER LÄRM IST NOCH IM KNAST
DER KRACH FÄHRT EWIG FAHRSTUHL
DU BIST MIR KEINE LAST

DER PATER NOSTERT GRIMMIG
DER PFARRER LEBT SICH AUS
DIE NONNE FÄHRT GERN FAHRRAD
DER SATTEL BLEIBT ZUHAUS'

DIE ACHTERBAHN LIEBT SIEBEN
DER NEUNMALKLUGE SEX
DAS ERSTE HAT KEIN'N FILM MEHR
DIE NULL HAT 'NEN KOMPLEX

TABELLEN LÜGEN NIEMALS
TABLETTEN ABER SCHON
DIE SCHMERZEN SOLLEN WEGGEH'N
UND SCHWUPPS HAT SIE DER SOHN

DER SCHWEISS SCHWEISST SCHWARZE SCHWÄNE
UND HEISS HEISST HEUTE HAI
KARTONS KOCHEN KARTOFFELN
KEIN KERL KAUFT KATER KAI

DER KAI SERT MIT VERGNÜGEN
DIE KÖNI GINT SEHR VIEL
DER MO NARCHT OFT ALLEINE
DEIN PRINZ DER LEBT IN KIEL

KONTROLLE SCHMECKT OFT BITTER
WENN'S G'WISSEN IST SEHR SCHLECHT
ICH MACH'S WIE MACKY MESSER
IM STÜCK VON BERTHOLD BRECHT

DER PETER PAN KANN FLIEGEN
UND ICH KONNTE ES AUCH
AUS KNEIPEN WAR'S GEWESEN
ICH FIEL OFT AUF DEN BAUCH

DAS GEN ITALIEN KANN MAN
NUN SEHEN IN BERLIN
IM GENLABOR „GEN IESS ES"
DA GEH' ICH DANN MAL HIN

EIN SEILTÄNZER VERSCHWINDET
EIN TELEFON LÄUFT AUS
EIN EINTÄNZER FLIEGT HEIMLICH
UND STILL ZU SEINER MAUS

KARTOFFELSALAT MÖCHTE
IM BACKOFEN MAL SEIN
DIE POMMES ABER SAGT NUR
DAFÜR BIST DU ZU FEIN

DIE FAHRSCHULE BLEIBT OFFEN
DIE HAUPTSCHULE DIE SCHLIESST
GYMNASIEN SIND EKLIG
ICH HAB' DORT NUR GENIESST

GENIESSEN KANN MAN ALLES
AUCH SCHNUPFEN SCHMECKT SEHR GUT
MAN MERKT OFT AN DEN SPORTLERN
WIE GUT DAS ROTZEN TUT

DIE LOTTOZAHLEN FALLEN
ALS KUGELN INS GESICHT
ZWEI ZAHLEN SIND OFT RICHTIG
DOCH GELD BEKOMM' ICH NICHT

FOTO KOPIERT DEN AXEL
ICH KLONE EINE SAU
GEDOPPELT WIRD EIN WIRTSHAUS
VIELLEICHT AUCH DEINE FRAU

ZWEI SCHWEINE STEH'N IM ABSEITS
DER SCHIEDSRICHTER IST BLIND
DAS SPIEL GEHT EINFACH WEITER
UND TORE SCHIESST DER WIND

ZWEI SCHEIBENWISCHER STREITEN
WOHIN ES GEHEN SOLL
HERR HILDEBRANDT MACHT'S NICHT MEHR
ER HAT DIE SCHNAUZE VOLL

KABA RETTET DIE VOLLMILCH
UND BUTTERMILCH BRAUCHT PLATZ
DAMIT DIE BUTTER REINPASST
IN DICH MEIN KLEINER SCHATZ

DIE ZEITUNGSENTE SCHNATTERT
NUR FURZE IN DEN WIND
GEREDET WIRD JA DOCH NUR
WENN WIR IM HAFEN SIND

EIN KAUGUMMI LIEBT KEKSE
LAKRITZ IST MEISTENS SCHWARZ
EIN SCHOKOKUSS MIT SCHLITTEN
FÄHRT LANGSAM IN DEN HARZ

EIN SAURER APFEL BEISST NICHT
EIN SAURER HUND VIELLEICHT
EIN SAURER REGEN RIECHT SCHLECHT
DOCH IST ER MEIST GANZ SEICHT

BANANEKTARANTULA
TELEFONDUESTERWIN
EINSAMENTORWARTESDU
ICH KOMME AUS SCHWERIN

BIOORANGEN SPIELEN
ICH SPIELE AUCH BI O
BI OMA UND BI OPA
DAS MACHT DIE KINDER FROH

PFIR SICHEL KLAUEN MÄUSE
UND KNETE GEHT VERLOR'N
DAS GELD LIEGT IN DER STRASSE
DU MUSST NUR DANACH BOHR'N

EIN TRAUM LÖST SICH VOM EGO
WER HÄTTE DAS GEDACHT
WENN DAS NICHT EIN BEWEIS IST
FÜR EINE FREMDE MACHT

KATASTRO PHENOMENE
BESCHISSEN IST GEPRAHLT
DIES BIER SCHMECKT ECHT NACH SCHEISSE
ZUM GLÜCK IST'S NICHT BEZAHLT

EIN SCHNEEMANN TRÄGT 'NEN BLAUHELM
UND ER SCHMILZT AUCH DAHIN
GENAU WIE DIE SOLDATEN
WIR KÖNN'N KEIN' KRIEG GEWINN'

DER GEILE BOCK HANS HERMANN
HAT STÖHNEN DOCH SEHR GERN
DOCH VÖGELT ER DIE RITA
SCHAUT DIE NOCH DABEI FERN

DER SCHORNSTEINFEGER SOLLTE
DEN SCHORNSTEIN FEGEN AUS
DER HEISSE FEGER ABER
LÄSST IHN NICHT AUS DEM HAUS

DEN WEIHNACHTSMANN LIEBT JEDER
AUCH WENN IHN KEINER KENNT
VIELLEICHT HEISST ER JA GUSTAV
UND SANTA CLAUS VERBRENNT

DIE OSTERHASEN SCHMECKEN
WIE EIER IM PROSPEKT
LATERNENPFAHL GANZ UNTEN
SCHMECKT BESSER MIR ALS SEKT

EIN TITELBILD KRIEGT FALTEN
EIN FALTBOOT HAT EIN LOCH
DER STERN RECHERCHIERT SCHEISSE
GEKAUFT WIRD ER DOCH NOCH

DIE BRAVO KLATSCHT ZUM HIMMEL
UND DOKTOR SOMMER LEBT
DER SPIEGEL LIEST DIE ZEIT GERN
DOCH LIEBER DIE KONKRET

FREUNDSCHAFTEN BLEIBEN STEHEN
UND JUGEND FRIERT IM STALL
DAS KANN ALLES PASSIEREN
WIR FLIEGEN JETZT INS ALL

ZERPHILL

DIENST LEISTET MAN ZU HAUSE
UND AUCH IM NACHTLOKAL
DIE ERSTEN DIE DIES TATEN
BEKAMEN KEIN' POKAL

WENN WALTRAUT SICH ZUR WAHL TRAUT
UND WALE WIEHERN WILD
WENN HENRY VAHL EIN' KORN TRINKT
GIBT DAS EIN SCHÖNES BILD

AB HEUTE BRENNT DIE ERDNUSS
IM STALL NUN LICHTERLOH
ICH KANN SIE JETZT NICHT LÖSCHEN
ICH SITZE AUF DEM KLO

DIE DURCHGEZOG'NEN LINIEN
SIND NICHT FÜR NASEN GUT
DOCH AUCH EIN AUTOFAHRER
KRIEGT IHRETWEGEN WUT

EIN KALTER UMSCHLAG MAG AUCH
FÜR SCHMERZEN SEHR GUT SEIN
EIN BRIEFUMSCHLAG IST JEDOCH
FÜR AUTOS OFT ZU KLEIN

BEI GLATTEIS IST ES BESSER
DASS MAN SICH NICHT BETRINKT
WEIL SONST ES MÖGLICH SEIN KANN
DASS MAN MIT BULLEN RINGT

EIN ZAHNRAD FLIEGT NACH MOSKAU
DER KIEFER SCHMECKT NACH BLEI
UND WENN DU DENKST ES KOMMT WAS
IST ALLES SCHON VORBEI

SCHALLPLATTENSPIELER STEHEN
VERLEIHEN NIEMALS GELD
UND WENN ICH MAL VIEL MOOS HAB'
SAG' ICH WAS KOST' DIE WELT

OHIO JOJO CUJO
JA STEPHEN KING IST GUT
DU SOLLTEST IHN MAL LESEN
DAZU GEHÖRT VIEL MUT

ZWEI MÜCKEN BREMSEN WESPEN
UND BREMSEN MUSST AUCH DU
SONST KNALLST DU IN DIE MAUER
UND FINDEST DORT DIE RUH'

WENN PINSEL PINSEL PINSELN
UND MALER STERBEN AUS
DANN STELLT SICH DOCH DIE FRAGE:
WER STREICHT DENN NUN DEIN HAUS

DIE HOCHZEIT UND DER TIEFBAU
SIND MIR NICHT EINERLEI
ICH ESS' SEHR GERNE LEBER
MIT VIEL KARTOFFELBREI

GREENPEACE REDBULL BLUE VELVET
BROWN SUGAR YELLOW STROM
EIN ROSAROTER PANTER
DER WEISS NICHT WO ICH WOHN'

REIS LIEBTE MAL DIE VOLLMILCH
DOCH DIE WAR GANZ GEWITZT
SIE FLIRTETE MIT NUDELN
UND HAT DABEI GESCHWITZT

FÜNF TÜREN SPIEL'N VERSTECKEN
DOCH EINE IST GEMEIN
VERSTECKT SICH SCHNELL IM HÄUSCHEN
DIE ANDER'N KOMM' NICHT REIN

EIN GEHWEG SPRINGT INS KORNFELD
DIE AUTOBAHN WIRD SCHWACH
EIN AUTO STÜRZT INS FENSTER
DER FAHRER WIRD HELLWACH

DAS „JA" IST AUSGESTORBEN
DAS „NEIN" STEHT KURZ DAVOR
WAS NÜTZT VIELLEICHT DAS „GAR NICHT"
IM HIMMEL SINGT EIN CHOR

DIE SCHLANGE STEHT VOR QUELLE
VERSIEGT IST SIE NUN GAR
ES NÜTZT AUCH KEIN BERATER
MIT BLAU KARIERTEM HAAR

TERROR

DIE ZIELGRUPPE STEHT VOR DIR
UND MÖCHTE IN DEN BUS
PISTOLEN SIND GEDULDIG
DOCH PLÖTZLICH FÄLLT EIN SCHUSS
DIE GRUPPE WIRD ZERSPRENGT NUN
DAS ZIEL GEHT FORT ZU FUSS
DER EINZELNE WIRD ENDLICH
BESTÄRKT IN DEM ENTSCHLUSS
DAS MAN AUCH MAL ALLEIN
DIE ENTSCHEIDUNG TREFFEN MUSS
DAS HILFT DEM KLEINEN KARL NUN
ER GEHT HINAB ZUM FLUSS
DORT STEHT KARLS GROSSE LIEBE
UND DANN ZUM GUTEN SCHLUSS
STEHT ER NUN ENDLICH VOR IHR
UND GIBT IHR EINEN KUSS
DOCH DAS GEFÄLLT IHR GAR NICHT
UND GIBT KARL EINE NUSS
UND ZWAR AUF DESSEN KOPF JETZT
SIE MACHT'S MIT VIEL GENUSS
DRAUF FRISST AUS LAUTER FRUST NUN
ER VIEL KARTOFFELMUS
DOCH DAS IST KEIN ERSATZ
FÜR DEN GUTEN ORGASMUS
BALD IST DER KARL VON FRAU'N AB
UND LERNT MIT VIEL VERDRUSS
SEHR VIEL MATHEMATIK JETZT
VON EINS BIS COSINUS

SEPTEMB OKTOB NOVEMB ER
SEHR MASKULIN DOCH SIND
KEIN MONAT FEMININ IST
DAS WEISS DOCH JEDES KIND

JE SÜSSER DIE ZITRONEN
JE SÜSSER REGEN IST
JE SAURER IST DER ZUCKER
DER LIEGT DORT AUF DEM MIST

DIE TOLLEN TANTEN TURTELN
DIE TORTEN FLIEGEN TIEF
DIE OLLEN ONKEL OCHSEN
DAS BILD HÄNGT WIEDER SCHIEF

DER GÜRTEL IST GERISSEN
DER HOSENTRÄGER PLATZT
DAS KOMMT VOM VIELEN FRESSEN
HÄTT'ST LIEBER DOCH GERATZT

DER FAUST IST EINFACH KLASSE
DIE FAUST SCHMECKT OFT NACH TOD
EINFACH GENIAL WAR GRÜNDGENS
AUCH ER SAH ÖFTER ROT

JA FANTAS TISCH HAT BEINE
UND ZWAR SIND'S DEREN VIER
MEIN SCHREIBTISCH FÄNGT GERN STREIT AN
HAUPTSÄCHLICH IST'S MIT MIR

DIE BLOCKFLÖTE BAUT HÄUSER
DIE QUERFLÖTE STEIGT AUF
GESPIELT WIRD SIE VON IAN
DENN DER HAT'S RICHTIG DRAUF

EIN WINDRAD HEU'LT DIE SEE AN
EIN WERWOLF NACHTS DEN MOND
DU HEULST OHNE GRUND MAL
DER MARS IST DOCH BEWOHNT

ENTHALTSAMKEIT HILFT KEINEM
UND EINSAMKEIT STEHT STRAMM
WO RASTALOCKEN SPRIESSEN
KOMMT SELTEN DURCH EIN KAMM

DIEDIE DADA IST HÄSSLICH
UND DUDUDU BIST SCHÖN
WAWAS KANN ICH NUR MACHEN
DAS ICH MIT DIR KANN GEHEN

Kira S.

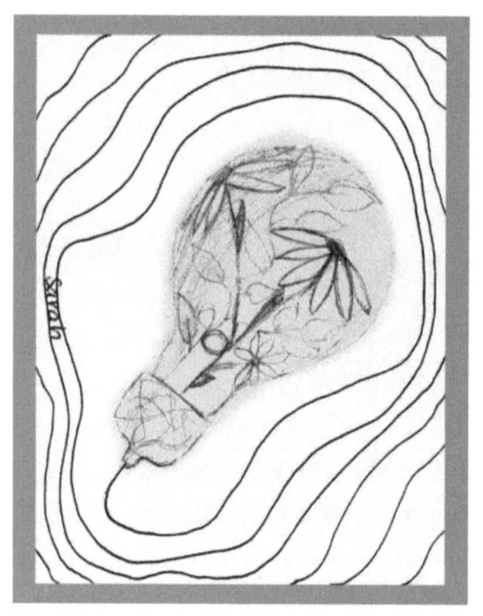

A.S.R.

Luna ♡

DIE SPUCKE HAT VERLOREN
UND SPERMIEN LIEGEN FREI
BALD WERDEN WIR AUSSTERBEN
DENN LEER IST JEDES EI

EIN EI SPRINGT HUNDERT METER
AUCH WENN'S NUR RUNTER IST
STABHOCHSPRUNG IST SEHR SCHMERZVOLL
WENN OHNE STAB DU BIST

EIN PFERD GEHORCHT DEM APFEL
UND BIRNEN HEISSEN GLÜH
WENN BÄREN BEEREN FRESSEN
IST'S MEISTENS IN DER FRÜH

QUADRATE FAHREN SELTEN
IM KREISVERKEHR UMHER
ES KANN SCHON MAL PASSIEREN
DOCH DAS VERSTÖRT UNS SEHR

IM WASSERGLAS IST EBBE
AUCH SO IM PORTEMONAIE
IN DORUM NUN DIE FLUT KOMMT
DAS TUT MIR NICHT SO WEH

EIN TRAININGSANZUG SCHLUDERT
DAS SAKKO IST VERRÜCKT
DER GEHROCK LÄUFT VORÜBER
EIN SPENCER IST ENTZÜCKT

DIE DARTSCHEIBE SCHREIT SCHRECKLICH
GETROFFEN IN DER MITT'
ES IST MEIN BESTER WURF HEUT'
UND ROLAND TRIFFT 'NEN TITT

DIE FRIKADELLEN STREITEN
SIE WOLLEN NOCH MEHR METT
DIE RÜGENWALDER MÜHLE
IST NICHT ZU IHNEN NETT

WENN KINDER KISSEN SCHLACHTEN
UND PETER SCHLACHT' EIN SCHWEIN
NUR PETER KOMMT INS ZUCHTHAUS
DIE KINDER HABEN SCHWEIN

FÜNF SALZSTANGEN DIE SCHLAGEN
DEN KÄSE GRÜN UND BLAU
MAN WIRD SIE NICHT BESTRAFEN
SIE SCHLAGEN KEINE FRAU

M.Y.
Normal Face
Uhrring
NASENWASSER
ANGEL

GIESSKANNENBLUES

ICH GIESSE MIT DER KANNE
MEINE WEIHNACHTSTANNE
EIN TROPFEN HIER, ZWEI TROPFEN DA
BENETZE ICH DEN TANNENBAUM, TRARA
WENN ICH DAS FENSTER ÖFFNE
WIEGT ER SICH IM WINDE
SCHAUT VOLLER GLÜCK AUF EINE LINDE
DRAUSSEN AM STRASSENSAUM, HAHA

IM STRASSENDRECK DA LIEGEN KÖFTE
AM GARTENZAUN SCHRÄG GEGENÜBER
STEHT MONTAGS OFT EIN GANGSTER
RAPPT SCHRÄGE SONGS UND KINDERLIEDER
ÜBERGIBT SICH HIN UND WIEDER
AUF DER LINDE WURZELN
LETZTE BLÄTTER PURZELN
O TANNENBAUM, O TANNENBAUM
WAS MUSST DU DIR BLOSS ANSCHAUN

DAS IST DER GIESSKANNENBLUES
DAS IST DER GIESSKANNENBLUES
WIR SEHN KEIN LICHT DURCH GRAUEN WOLKENMUS

EIN HUND STEHT VOR DER WHISKYBAR
WIR MÜSSEN DRAUSSEN BLEIBEN WUNDERBAR
EIN DUMMER ESEL UND EIN BLÖDES SCHWEIN
GEHEN IN DIE BAR HINEIN
DA BLEIBT ER LIEBER AUSSEN VOR
SCHLENDERT ZUM BOGEN UNTERM TOR
SETZT SICH DORT ERMÜDET NIEDER
SINGT ESELSGLEICH SCHWEINISCHE LIEDER
GIESST SICH AUS DEM FLACHMANN EIN

DAS IST DER GIESSKANNENBLUES ...
Fiete Piet Hering

90

DICHTER FÜRST!

LEHRER

ZWEI LICHTSCHALTER VERSTEHEN DIE WELT HEUT' GAR NICHT MEHR
SEIT GESTERN DRÜCKT SIE KEINER UND DAS BEDRÜCKT SIE SEHR
SIE DRÜCKEN LIEBER BERGER DAS STIMMT SIE ZIEMLICH FROH
DIE STIMME IST SEHR RAUH NUN UND ICH GEH' MAL ZUM KLO
VERSTUMMT IST BALD DER UWE WEIL ER MAL KACKEN MUSS
DIE TAUBE TAUBE HÖRT NICHTS DER BLINDE SCHLEICHT ZUM FLUSS
DER EINARMIGE FLÜCHTET UND KIMBLE HAT NUN RUH'
ER DARF JETZT AUCH MAL SPIELEN MIT RÖSCHEN IHREM SCHUH
DER NASENLOSE SÄNGER HAT NUN AUCH AUSGETANZT
ER WAR MAL RICHTIG SCHNUCK'LIG JETZT IST ER AUSGEFRANST
ZWEI EINBEINIGE LEHRER DIE TORKELN AUS DER BAR
ZUSAMMEN SIND SIE KÖSTLICH UND SCHMECKEN WUNDERBAR
PROBIERT HAB' ICH SIE BEIDE ZUM TEST GAB'S JA EIN BEIN
VON JEDEM DIESER BEIDEN DAS FIND ICH ECHT ZUM SCHREI'N
DER BLINDDARM EINES JEDEN DER FINDET NIE EIN KORN
DENN DEN FIND' NUR DIE LEBER DIE BRINGT ER ECHT NACH VORN
SOLANGE SIE SICH AUSSPÜLT IST ALLES SCHÖN UND GUT
IM ALTER WIRD SIE MÜDE UND NIMMT DANN IHREN HUT
WIR SAUFEN TROTZDEM WEITER UNS FEHLT NOCH NICHT DER MUT
UND KIPPEN WIR INS FALLBEIL VON LUZIFER HINEIN
ERSCHRICKT SICH DIESER SCHRECKLICH UND FÄNGT LAUT AN ZU SCHREI'N
DENN RICHTIG EXPLODIEREN DAS WEISS DOCH JEDER MANN
KANN NUR DER ECHTE SÄUFER DASS SEHEN WIR UNS AN

KUGEL

DIE KEGELKUGEL ROLLT NICHT SIE IST KAPUTT VOM GEH'N
DIE BILLARDKUGEL FREUT SICH SIE KANN AUF EINMAL SEH'N
DRUM KANN SIE NUN ENTSCHEIDEN IN WELCHES LOCH SIE ROLLT
DA ÄRGERT SICH PAUL NEWMAN UND EBERHARDT DER SCHMOLLT
GEWINNEN TUT NUN EINER DER MIT DER KUGEL KANN
ER MUSS NUR SEHR SEHR NETT SEIN EGAL OB FRAU OB MANN
ZUR KUGEL DENN SIE IST SEHR SENSIBEL DAS IST KLAR
SIE WIRD SEHR OFT GESCHLAGEN UND IRGENDWANN NUN JA
RÄCHT SIE SICH EBEN GRAUSAM DAS IST SEHR MENSCHLICH DOCH
DENN WIR SUCHEN JA AUCH AUS WO WIR GEH'N REIN INS LOCH

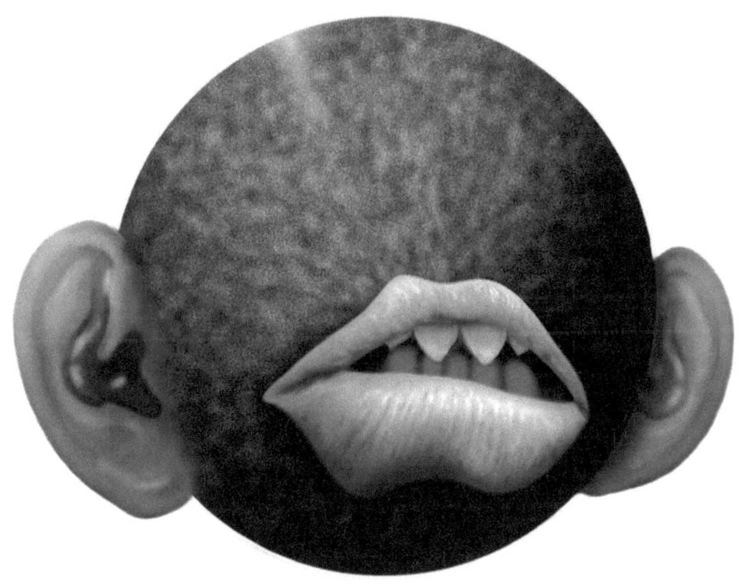

EPI LOG

...UND ICH DICHTETE DIE WAHRHEIT

ICH DANKE JEDER LESERIN
FÜR'S KICHERN LACHEN UND…

… NACHTS DENKEN

NACHSCHLACH

ROSA KAM AUS LUXEMBURG
SIE LIEBTE EINEN KNECHT
DER DEMOKRAT WAR NICHT SOZIAL
ER DROSSELTE 'NEN SPECHT
Fiete Piet Hering

NACHGANG
‚ENTSCHEIDEND IST, WAS HINTEN
RAUSKOMMT'
Helmut Kohl am 31. August 1984

MACHT DAS LICHT AUS!
DANKE
ABGANG

‚PFEIFF NICHT, WENN DU PISST'
R. A. Wilson, R. Shea

ÜBER FISCH (UNG)
IM BALTISCHEN MEER
SCHWAMM FROHEN MUTES HERR RING
ER FREUTE SICH SO SEHR
AUF EIN TREFFEN MIT FRAU RING
NUR FÜR SIE HATTE ER EINEN TRAURING
DOCH DAS MEER WAR BEREITS SO LEER
UND DIE CHANCE SIE ZU TREFFEN GERING

WELTPOLITISCH
ERLÖSER STEHEN VOR DER TÜR
UND SORGEN GERN DAFÜR
DAS MONETÄRES AN DER SPITZE STEHT
WEIL DER ERLÖS IHRER AKTIVITÄT
IN DIE EIGENE TASCHE WEHT
WENN ES UM DAS GROSSE GEHT
DER GEISTIGE ZWERG GANZ OBEN STEHT
DIE UMNACHTUNG SCHREITET FORT
VIRAL VON ORT ZU ORT

VIEL OSO FISCH
EIN PSYCHIATER MIT VASENPHOBIE
WEICHT DEM GESCHOSS AUS DRITTER DYNASTIE
VORBEI IST AUCH DANEBEN
HAUPTSACHE AM LEBEN
PRAKTISCHE PHILOSOPHIE

TIERISCH
NEULICH SAH MAN IN ILLERTISSEN
EINEN ILTIS IN DIE ILLER PISSEN

Kleben mit Klebern – gegen rechts!

Diese wunderschönen Aufkleber haben wir extra für euch für den Gebrauch gegen die ausufernde Rechtslastigkeit bis hin zu offen faschistischen Tendenzen in „Teilen" von Bevölkerung und Politik weltweit produziert. Er sollte in keinem ordentlich geführten Haushalt fehlen. Wie ihr da rankommt erfahrt ihr über den Link oder über unsere Autoren. Sie sind natürlich in Farbe produziert und sehr gut! Mad Murphy's Thirsty Dogs, also Uwe und seine Band haben auch schon welche (geklebt)!